PNL per principianti

Passo dopo passo per ottenere più successo con la psicologia semplice, le tecniche di manipolazione e il giusto linguaggio del corpo.

Boris Lehmann

CONTENUTI

Prefazione 1

Che cos'è la PNL? 3

La storia dello sviluppo della PNL 5

Gli 11 capisaldi della PNL 10

I presupposti di base della PNL 12

Esercizio 1: Scopra i suoi canali di percezione preferiti! 16

Tecniche e strategie di PNL 19

Ancoraggio 19

Segnala 22

Calibrare 23

Pacing e guida 24

Sei fasi di riorganizzazione 25

Tecnica Swish 29

Fobia veloce 32

Perché la PNL è ideale per la manipolazione 37

Tecniche di manipolazione 39

Il record sospeso, alias la ripetizione 41

La trappola dell'inerzia 42

Il trucco dell'amicizia 43

Manipolazione attraverso la creazione di paura. 44

Istinto di branco 45

Trucchi emotivi 46

Come riconosce la manipolazione degli altri? 47

Il principio di manipolazione dei quattro metodi
.... 48

Cosa c'è dietro una personalità manipolatrice? .. 49

Principi della comunicazione umana 52

Interpretare i segnali inconsci del nostro corpo 61

Modelli di movimento oculare 62

I segnali coscienti del nostro corpo 65

Le regole d'oro del linguaggio del corpo 66

Povero 66

Contatto visivo 67

Distanza 67

Stretta di mano 68

Mani 68

Postura 68

Sorriso 69

Linguaggio del corpo e PNL 70

Simpatia 71

Le regole d'oro della simpatia 71

Il potere della psiche 73

Materiale bonus: Diario Mindset 78

Diario della mentalità 79

Giorno 1: Essere PRESENTI nel qui e ora (meditazione) 80

Giorno 2: Poster con la sua zona di comfort 80

Giorno 3: Una mappa mentale 80

Giorno 4: Rituali di benessere personale 81

Giorno 5: Mettersi a terra 81

Giorno 6: praticare attivamente la gratitudine ..81

Giorno 7: Meditazione Mindfulness 82

Giorno 8: Mostrare compassione per sé e per gli altri 82

Giorno 9: praticare attivamente l'amor proprio 82

Giorno 10: Non pensare, fai 83

Giorno 11: Tempo per essere e per la creatività 83

Giorno 12: La musica guarisce l'anima 84

Giorno 13: Abbellire la sua casa 84

Giorno 14: Ringraziare se stessi per la propria dedizione 85

Prefazione

Vuole imparare a manipolare efficacemente le altre persone? Questo libro vuole essere la sua guida, il suo libro di riferimento e il suo compagno. Spesso si pensa che manipolare gli altri sia una cosa negativa. Ma non è necessariamente così. Valuti in anticipo se vuole costringere la persona a fare qualcosa che non le fa bene.

Se può rispondere negativamente a questa domanda, quali sono gli argomenti contro l'utilizzo di tecniche di manipolazione? Tutti noi manipoliamo inconsciamente le altre persone e siamo anche manipolati inconsciamente dagli altri. Le persone che sono brave a manipolare hanno imparato a farlo solo in modo consapevole. Spesso siamo persino in grado di comprendere ciò che l'altra persona vuole. Le tecniche di manipolazione possono quindi aiutarla a trattare in modo più etico con i suoi simili.

In questo libro, a differenza di molte altre guide su questo argomento, ci concentreremo principalmente sulla prospettiva e sulle tecniche della cosiddetta PNL. Imparerà gradualmente di cosa si tratta e come può utilizzarla nel corso di questo libro. A favore di questo approccio c'è il fatto che la PNL è un metodo valido, collaudato e sottile per manipolare gli altri. È più difficile per l'altra persona riconoscere di essere stata manipolata rispetto ad altre tecniche. Tenendo presente questo, le auguro una buona lettura di questo libro!

Che cos'è la PNL?

NLP è un'abbreviazione e sta per "programmazione neuro-linguistica". Forse non ha un'idea precisa del significato di questo termine. Quindi, diamo prima un'occhiata alle parti che compongono questa parola. Questo le darà un'idea di cosa sia la PNL.

La **N** sta per "Neuro". Forse conosce questo termine grazie alla neurologia, la scienza medica del sistema nervoso umano. Più in generale, l'abbreviazione "neuro" viene utilizzata per introdurre molti termini relativi al sistema nervoso o alla psiche. Nel caso della PNL, la N sta per il fatto che questo metodo mira a ottenere cambiamenti a lungo termine nella psiche di una persona, alcuni dei quali possono essere spiegati da processi biologici o nervosi.

La **L** sta per "linguistica". La linguistica è la scienza generale del linguaggio. La PNL utilizza sempre più spesso tecniche di comunicazione verbale e non verbale per influenzare le altre persone.

La **P** di PNL è particolarmente interessante: sta per "programmazione". Forse lo assocerà meno alle persone che ai computer e ad altre tecnologie. Tuttavia, la PNL utilizza il presupposto psicologico di base che le persone possono essere "programmate" da un'altra persona. Proprio come un computer può essere indotto a fare determinate cose da un programma corrispondente, questo può essere realizzato anche con le persone.

In sintesi, la PNL è un metodo per utilizzare le tecniche di comunicazione per cambiare il comportamento delle persone. La PNL deriva principalmente da approcci psicoterapeutici più recenti ed è utilizzata da molti terapeuti nel trattamento di persone con problemi mentali. La PNL è facile da imparare e può quindi essere utilizzata anche da non professionisti. Con l'aiuto della PNL, si può imparare a penetrare nel subconscio di altre persone e quindi a 'controllarle'. Naturalmente, ci sono dei limiti. Non deve aspettarsi di essere in grado di assumere un controllo completo sugli altri attraverso la PNL. Tuttavia, rimarrà stupito da ciò che è possibile fare con la PNL!

LA STORIA DELLO SVILUPPO DELLA PNL

Per capire come è nato questo metodo piuttosto insolito, è importante familiarizzare con gli sviluppatori e la storia della ricerca dietro questa tecnica. Anche se vuole metterla in pratica il più rapidamente possibile: Si prenda del tempo per comprendere la spina dorsale teorica della PNL, poi le sarà più facile applicare i metodi descritti e capire veramente cosa sta facendo quando utilizza la PNL nella sua vita quotidiana. La PNL è una disciplina giovane, che è stata sviluppata solo negli anni '70. Negli anni '60, negli Stati Uniti è emerso un movimento chiamato Movimento del Potenziale Umano. Questo movimento si basava sul presupposto che ogni persona ha un grande potenziale non sfruttato e che lo sviluppo di questo potenziale non solo porta a una qualità di vita più elevata, ma anche a una maggiore serenità e forza emotiva e quindi promette una vita più soddisfacente.

Le impressioni che una persona raccoglie nel corso della sua vita, le sue esperienze e il modo in cui le percepisce, tutto questo determina la formazione del carattere, definisce una persona tanto quanto può porre dei limiti. Un fattore decisivo per superare i propri limiti - uno dei prerequisiti più importanti per raggiungere gli obiettivi della PNL - è una migliore comprensione di ciò che rimane sconosciuto a molti per tutta la vita: il proprio subconscio. Quella parte della nostra mente a cui non possiamo accedere attivamente, ma che svolge un ruolo importante nella percezione e nell'elaborazione delle esperienze.

Uno sguardo ai fondatori rivela come è nata la combinazione di psicologia, linguistica e l'idea di programmare le persone. La PNL è stata sviluppata da due uomini che inizialmente sembravano molto diversi: John Grinder aveva quasi 40 anni all'epoca ed era un professore dell'Università della California a Santa Cruz. Grinder aveva studiato linguistica e all'epoca studiava e faceva ricerca presso l'Università di Santa Cruz.

All'epoca, Richard Bandler, dieci anni più giovane di lui, studiava una singolare combinazione di materie presso la stessa università: matematica, informatica e psicologia. Grinder inizialmente supervisionava una sessione di terapia di gruppo che Bandler conduceva con persone malate di mente come parte dei suoi studi. Tuttavia, i due andarono d'accordo e si resero subito conto di essere entrambi interessati ai processi comunicativi nei contesti terapeutici. Così hanno iniziato a ricercare insieme la comunicazione nel gruppo terapeutico di Bandler. Gradualmente hanno elaborato vari principi di comunicazione che sembravano funzionare nel gruppo. Erano particolarmente interessati alla questione di quali fattori comunicativi fossero necessari affinché un paziente completasse con successo la sua terapia. Hanno raccolto le loro osservazioni e hanno formulato tecniche terapeutiche e comunicative specifiche.

Da qui nacque la prima versione della PNL, alla quale Bandler si dedicò completamente dopo aver completato i suoi studi. Grinder e Bandler aggiunsero in seguito un altro aspetto alla loro ricerca, noto come modellamento. Si sono concentrati su persone che erano considerate terapeuti di particolare successo e distinti nei loro rispettivi campi. Hanno poi cercato di scoprire che cosa queste persone facevano di diverso rispetto ai loro contemporanei di minor successo. In questo modo, hanno scoperto sempre più principi che oggi sono entrati nella PNL.

Sebbene Grinder e Bandler abbiano tentato di stabilire la PNL come soggetto di ricerca scientifica a partire dagli anni '80, il successo è stato solo parziale. Le scuole accademiche di solito ritengono che la PNL non soddisfi i criteri di un campo di ricerca indipendente. Ciò può essere dovuto principalmente al fatto che la PNL combina diversi approcci e concetti psicoterapeutici. Non tutti questi concetti sono stati in grado di dimostrare un effetto terapeutico negli studi accademici. Per una manipolazione di successo con la PNL, tuttavia, questo fatto non dovrebbe essere importante per lei! A causa della riluttanza delle scienze accademiche a trattare la PNL come una forma di terapia da prendere sul serio, la PNL ha trovato sempre più spazio nel coaching.

Un esempio: è insoddisfatto del suo corpo, vuole cambiare qualcosa e si iscrive a una palestra. Si allena in modo intensivo ed euforico per i primi tre mesi, cambia la sua dieta e improvvisamente cade in un buco profondo, smette di allenarsi e si sente frustrato perché non ha continuato.

Che cosa è successo? In questo momento ha perso la fiducia in se stesso. È qui che la PNL può aiutarla. La giusta mentalità può aiutarla a raggiungere qualsiasi obiettivo che si è prefissato. Deve solo guardare ai suoi obiettivi, preparare la strada e lavorare per raggiungerli. Ognuno di noi ha cose diverse che usa per motivarsi. Per trovare questi punti motivazionali, può, ad esempio, parlare con le persone a lei vicine o, in questo caso, con il suo personal trainer.

Se vuole ottenere il suo corpo da sogno con muscoli definiti attraverso un allenamento intensivo, deve avere un'idea precisa di come dovrebbe apparire il suo corpo ben allenato. Quanto peso vuole mettere sulla bilancia? Quanto vuole che i suoi muscoli siano visibili? Quando vuole raggiungere il suo obiettivo? Si dia una scadenza. Per raggiungere i suoi obiettivi e desideri, deve affrontarli e visualizzarli, perché solo così potrà perseverare nel cammino verso il suo obiettivo.

Le persone hanno circa 60.000-80.000 pensieri che passano per la testa ogni giorno. La maggior parte di questi pensieri sono negativi, anche se lei non se ne rende conto. E riescono a farla sentire male. Pensi se gli eventi e le situazioni del suo ambiente causano tristezza, rabbia, paura o nervosismo. La risposta è chiaramente no. Perché? Beh, la sua mentalità e il suo giudizio su questa particolare costellazione hanno un potere immenso. Se sono negativi, rappresentano un grande peso. Una stessa situazione iniziale può essere interpretata in modi molto diversi. Pertanto, non è la situazione reale a causare questi sentimenti, ma il suo giudizio.

Un piccolo esempio: un amico annulla un appuntamento con lei. Ora può pensare che il suo amico abbia annullato perché non è interessato a lei. Questo pensiero la fa sentire solo e triste. Tuttavia, se pensa che il suo amico non abbia tempo perché potrebbe aver dimenticato un appuntamento importante ed è triste per aver cancellato l'appuntamento con lei, non deve sentirsi triste. Può semplicemente aspettare con ansia il prossimo appuntamento.

"Non sono le cose a darci fastidio, ma il modo in cui le percepiamo". Epitteto

GLI 11 CAPISALDI DELLA PNL

1. Ogni persona vive in modo speciale e individuale. Questo significa anche che percepisce il mondo in modo speciale e unico.
2. La nostra mente, il nostro corpo e l'ambiente sono in costante interazione. Le sue azioni possono influenzare il modo in cui pensa. I suoi pensieri possono anche influenzare il modo in cui si sente.

3. Anche il nostro silenzio è una forma di comunicazione. La reazione dell'interlocutore dimostra l'importanza della comunicazione.

4. Le esperienze individuali plasmano ogni persona e le conferiscono la propria realtà, in base alla quale agisce.

5. Offra alla sua controparte diverse opzioni o linee d'azione, in quanto ciò aumenta la possibilità di raggiungere l'obiettivo desiderato.

6. Ogni persona fa la scelta migliore per sé in base alle possibilità che esistono nella sua realtà. Questo significa anche che si comporta sempre nel modo migliore possibile nell'ambito delle sue possibilità.

7. Il comportamento di una persona ha sempre senso nella sua percezione del mondo ed è il risultato di un'intenzione positiva. Indipendentemente da come una persona si comporta, il suo comportamento è sempre benefico per lei.

8. Le possibilità/requisiti necessari per il cambiamento si trovano all'interno di ogni persona stessa.

9. Tutti hanno la capacità di imparare cose nuove e di cambiare i modelli abituali di comportamento.

10. Non esiste il fallimento, ma solo il feedback. Non ha avuto successo? Provi un altro metodo.

11. La flessibilità è la chiave del successo.

I PRESUPPOSTI DI BASE DELLA PNL

Ora che sa più o meno da dove viene la PNL e come è nata, esaminiamo più da vicino le basi teoriche del metodo. Non è necessario che lei comprenda tutti i dettagli dello scheletro teorico della PNL. Tuttavia, è bene che conosca i termini e i concetti di base. In questo modo sarà più facile per lei capire come funzionano le singole tecniche. Comprenderà anche le basi del funzionamento della psiche umana. Per essere in grado di manipolare con successo, questa conoscenza è molto utile, se non obbligatoria, perché lei può essere il miglior utilizzatore di tecniche di manipolazione, ma manipolare gli altri richiede un alto grado di flessibilità personale. Richiede una costante familiarità e adattamento alle situazioni e ai processi di comunicazione in corso. I bravi manipolatori sono soprattutto padroni della situazione.

La PNL è fondamentalmente caratterizzata dal fatto che considera la percezione soggettiva di una persona più importante della verità oggettiva. Per una persona, esiste solo una verità soggettiva. Poiché siamo limitati ai nostri cinque sensi quando si tratta di percepire il mondo, non possiamo sapere cosa sia oggettivamente vero. Pertanto, ci affidiamo alle nostre supposizioni interiori su ciò che è vero.

Ai cinque sensi viene quindi attribuito un alto grado di rilevanza: sono l'orologio decisivo per le nostre verità interiori. In una certa misura, siamo in grado di riconoscere le nostre verità interiori come false, ma questa capacità è molto limitata. Quando si programma una persona in modo neurolinguistico, si cerca quindi di penetrare il suo io interiore a tal punto che la sua precedente verità soggettiva viene effettivamente sovrascritta da una nuova verità soggettiva. Come può vedere: Questo metodo può essere enormemente potente e può cambiare le persone in una certa direzione a lungo termine!

La PNL parte dal presupposto che ognuno dei cinque sensi rappresenti un canale di comunicazione separato a cui possiamo rivolgerci: Questo si riferisce ai cinque canali sensoriali, per cui i pnl parlano di **VA-KOG**. **V** sta per visivo, cioè vedere; **A** per uditivo - sentire -, **K** per cinestetico - sentire -, **O** per olfattivo - annusare - e infine **G** per gustativo - gustare.

Tutte le esperienze vengono percepite attraverso questi canali e vengono elaborate e memorizzate negli apparati corrispondenti, i cosiddetti sistemi di rappresentazione, nel cervello. Tutte le esperienze, i ricordi e la sua esperienza attuale hanno luogo in questi canali e vengono elaborati. Le sperimenta e le memorizza come combinazioni di immagini, suoni, sensazioni, odori e sapori. Ogni persona utilizza i propri sistemi e canali di rappresentazione in modo del tutto inconsapevole, quasi ogni secondo. Abbiamo una certa preferenza, anch'essa inconscia, su quali sistemi e canali vengono utilizzati con maggiore frequenza e preferenza.

Ecco un breve esempio per illustrare questo aspetto: Un regista, ad esempio, deve necessariamente avere una forte immaginazione visiva per sapere come vuole mettere in scena quale scena del suo ultimo film. Questo richiede un'immaginazione visiva ben esercitata, che non si ha se si privilegia il canale uditivo. Logicamente, questo ruolo è ancora più importante per i musicisti. Comporre musica richiede non solo una certa dose di talento musicale, ma soprattutto una buona immaginazione acustica, che le permette di sentire i suoni nella sua testa anche senza note o strumenti. Questa capacità può essere così pronunciata che si possono sentire certe cose anche se si è sordi - basti pensare a Beethoven, che compose mentre era sordo nei suoi ultimi anni di vita.

Questo privilegio, per lo più inconscio, di certi canali e sistemi può persino arrivare a influenzare direttamente il nostro uso del linguaggio. Ad esempio, le persone che tendono a utilizzare il canale visivo spesso usano parole che sono anche direttamente collegate ad associazioni visive. In questi casi, la scelta delle parole è rappresentativa della variante di percezione preferita e avviene anche inconsciamente. Nel caso di una presentazione in una riunione di lavoro, ad esempio, una persona con una predisposizione più uditiva dirà: "Sembra fantastico!", mentre una persona con una predisposizione visiva dirà: "Sembra molto buono!".

La nostra verità interiore è quindi fortemente limitata dalla nostra costellazione personale di percezioni sensoriali preferite. Allo stesso tempo, siamo particolarmente sensibili ai cambiamenti della nostra verità interiore proprio attraverso questi canali di comunicazione privilegiati. Quindi, se si vuole cambiare radicalmente qualcosa in un'altra persona, è meglio rivolgersi a lei attraverso i canali che "capisce" meglio. Tra l'altro, le persone possono essere suddivise in gruppi in base alle loro preferenze comunicative. Questo dà origine ai famosi tipi di apprendimento, perché anche noi assorbiamo le informazioni in modo più rapido ed efficace attraverso i nostri canali di comunicazione preferiti.

Esercizio 1: Scopra i suoi canali di percezione preferiti!

Esistono vari modi per scoprire quali sensi preferisce utilizzare per percepire le cose, il più semplice dei quali è il linguaggio. Il suo modo personale di percepire si riflette anche nel suo linguaggio!

Le persone che appartengono al **tipo visivo** fanno spesso affermazioni come la seguente:

"Non vedo alcun problema...".

"Posso (non) immaginarlo".

"Non me ne rendo conto".

"Il significato di tutto questo non mi è stato rivelato".

Il **tipo uditivo tende a** fare le seguenti affermazioni:

"Questa idea sembra buona/cattiva".

"Mi chiedo..."

"Spesso mi dico...".

"Questa è musica per le mie orecchie".

Il **tipo cinestetico** non solo si relaziona con il senso del tatto, ma attribuisce anche importanza alle sensazioni e all'intuizione. Di conseguenza, questo porta ad affermazioni come queste:

"Ho una (non) buona sensazione al riguardo".

"Sento che c'è un problema".

"Non riesco a capire bene".

"Il mio istinto mi dice...".

"Rabbrividisco al solo pensiero".

"Mi sento freddo o caldo al solo pensiero".

Il **tipo olfattivo** e il **tipo gustativo** vengono solitamente **combinati**, poiché questi due sensi sono fortemente interdipendenti, il che può portare alle seguenti affermazioni o ad altre simili:

"Questo fa davvero schifo".

"Puzza da morire".

"C'è odore di frode".

"Posso sentirne l'odore per miglia e miglia controvento".

"La sola idea mi fa star male".

"Non mi piace affatto l'idea".

Per scoprire a quale tipo appartiene personalmente, dedichi un'intera giornata a prestare maggiore attenzione a ciò che dice durante le conversazioni. Per intensificare l'esercizio, è consigliabile registrare una conversazione più lunga con un amico, un conoscente o un parente - supponendo che sia d'accordo - in modo da poter poi analizzare come si esprime. In alternativa, può sedersi alla fine della giornata e scrivere in dettaglio tutto ciò che è accaduto quel giorno.

In particolare, scriva i suoi pensieri e sentimenti che sono sorti come reazioni all'esperienza. Non presti attenzione al modo in cui si esprime mentre scrive, per non distorcere il risultato. Solo in seguito, quando rileggerà ciò che ha scritto, dovrà esaminare esattamente quali forme di espressione descrivono la natura della sua percezione. Un terzo modo per scoprire quali sono i suoi canali di percezione preferiti è quello di fare una passeggiata. Non si perda nei suoi pensieri, ma si sforzi di osservare il mondo che la circonda nel modo più consapevole possibile. Non appena torna a casa, si sieda immediatamente e scriva tutte le impressioni che le sono rimaste impresse nella mente. Questo è probabilmente il modo più efficace per rintracciare i suoi canali di percezione preferiti!

Ancoraggio

Proprio come i cani possono essere condizionati a far seguire automaticamente determinate azioni a determinate reazioni, anche lei può condizionare la sua psiche a far seguire a uno stimolo specifico una reazione specifica. Questo si chiama ancoraggio, per cui la reazione in questo caso è un'emozione specifica. A differenza del riflesso, una reazione completamente inconscia e incontrollabile a uno stimolo, l'ancoraggio comporta il condizionamento cosciente della psiche ad associare automaticamente un'emozione a uno stimolo.

Tutti hanno queste ancore nella loro vita, ma per lo più inconsciamente. Se chiude gli occhi e si prende un momento per riflettere, le verranno in mente alcune ancore. Ad esempio, una canzone che associa alla stessa emozione ogni volta che la sente. Lo stesso può valere anche per la scena di un film, per la visione di un quadro o di una fotografia o per oggetti quotidiani molto banali, come il marchio di una casa automobilistica molto specifica. Questi stimoli possono essere non solo visivi, ma anche acustici o olfattivi. Quasi tutti associano un tipo di emozione a un pasto, come la famosa zuppa di patate della nonna, o l'odore di un profumo quasi ammaliante. Tutte queste sono ancore, ma le più importanti e rilevanti per la programmazione neurolinguistica sono quelle che provocano gli stati emotivi più forti e intensi, perché la PNL può essere utilizzata per trasformare i sentimenti negativi in risposta a determinati stimoli e sostituirli con quelli positivi.

Questo metodo si basa sul concetto di condizionamento classico di Pavlov, che si ricollega ai cani menzionati all'inizio. Ivan Petrovich Pavlov era un medico e scienziato comportamentale russo, diventato famoso per le sue ricerche sui cani. Durante una di queste serie di esperimenti, Pavlov suonò un campanello ogni volta prima che ai cani venisse servito un pasto. Questo condizionamento acustico, che faceva sì che i cani associassero il suono del campanello al cibo, faceva sì che non salivassero quando mangiavano, ma quando sentivano il suono del campanello.

Lo stesso principio può essere applicato anche agli esseri umani, ad esempio per collegare le sensazioni di felicità con uno stimolo molto specifico, un grilletto, e per essere in grado di evocare l'emozione desiderata in questo modo, in qualsiasi circostanza e in qualsiasi momento. Non importa quale sia lo stimolo utilizzato per percepire l'innesco, se un suono udito o autogenerato, un segnale visivo, olfattivo o sensibile. Se usato correttamente, l'ancoraggio funziona con ciascuno dei cinque sensi.

Basta con la teoria, ecco un esercizio da fare a casa: per ancorare una sensazione, deve prima innescarla in modo tangibile. Per esempio, se vuole ancorare la sensazione di gioia in se stesso, deve pensare a una situazione che le ha dato molta gioia.

Mentre si concentra su questa sensazione, deve cercare di rilassarsi. La sensazione di piacere dovrebbe aumentare gradualmente. È utile che visualizzi la situazione nella sua mente. Si concentri sul respiro e chiuda gli occhi per avere un'immagine concreta. Che aspetto aveva l'ambiente quando ha provato piacere? Che odore aveva? Ricorda una voce che parlava in quel momento? Non appena la sensazione dentro di lei diventa più forte, si aggrappi alla sensazione e la senta intensamente. Senta la gioia che cresce sempre di più dentro di lei. Al culmine di questa sensazione, dovrebbe fissare l'ancora. Ciò significa che deve fare un certo gesto, dire una certa parola o toccare una certa parte del suo corpo.

È importante che la sua ancora rappresenti qualcosa di speciale, in modo che non possa essere facilmente confusa. Solo così potrà utilizzarla in seguito, quando vorrà evocare la sensazione di gioia. Quando la tocca, si assicuri che sia un luogo che non tocca spesso per abitudine, come il braccio. Tuttavia, è consigliabile assicurarsi di poter spostare facilmente il punto di ancoraggio. Ora può testare la sua ancora. Si stacchi dalla sensazione di piacere e pensi a qualcos'altro. Quando è pronto, può rilasciare l'ancora. Se prova una sensazione di gioia, l'ancora ha già funzionato. Se non è così, può ripetere il metodo fino a quando non si presenta la sensazione desiderata. A volte una sensazione è già ancorata dopo la prima volta. Tuttavia, potrebbero essere necessari anche diversi tentativi per ancorare l'impressione sensoriale desiderata.

Segnala
Molte persone hanno già familiarità con questa forma di effetto specchio - alcune persone ne sono inconsciamente influenzate. In linea di principio, si tratta di adattare le espressioni facciali, i gesti e l'articolazione generale all'altra persona durante una conversazione, cioè di adottare determinati modelli comportamentali. Quanto più l'interlocutore è percepito come simpatico, tanto più velocemente avviene questo rispecchiamento e tanto più le caratteristiche sono influenzate. Il rapporto deve essere inteso come un tipo di relazione in cui prevalgono l'armonia e l'accettazione reciproca. Se

due o più persone sono in sintonia durante la loro comunicazione, spesso mantengono il contatto visivo e spesso sincronizzano la loro postura e la loro voce. Tuttavia, questo effetto può anche essere invertito: se lei rispecchia consapevolmente alcuni gesti ed espressioni della persona con cui sta parlando, sarà percepito più favorevolmente da lei e stabilirà una relazione interpersonale caratterizzata da segnali positivi - il rapport.

Calibrare

Nel contesto della programmazione neurolinguistica, il termine "calibrare" sostituisce i termini "calibrare" o "regolare". Ciò significa che il processo di comunicazione ripetutamente descritto riguarda l'adattamento all'altra persona e quindi il riconoscimento della sua espressione verbale e non verbale e la reazione appropriata. "Calibrare una persona" permette di conoscere o anticipare la reazione di un'altra persona. Inoltre, permette di sapere se una persona sta dicendo la verità o sta mentendo. In breve, "calibrare" significa "percepire". Si tratta di una percezione sensibile, precisa, osservante ed empatica del comportamento, dei cambiamenti comportamentali e delle dichiarazioni dell'interlocutore.

Va notato che non sono importanti solo gli stati esterni, come le espressioni verbali e le posture del corpo, ma anche e soprattutto i segnali non verbali che la controparte invia. Come attore nel contesto della programmazione neurolinguistica, si vuole utilizzare la tecnica della calibrazione. Prima di tutto, come già detto, deve osservare e percepire intensamente la sua controparte. In una seconda fase, tuttavia, è importante che lei si 'calibri' con la sua controparte. Ciò significa, ad esempio, che si sintonizza esattamente sul comportamento dell'altra persona, sul suo sguardo o sul suo modo di parlare, e forse anche sulla sensazione della stretta di mano o dell'abbraccio. Con l'aiuto di questa "calibrazione", sarà in grado di percepire anche piccoli cambiamenti nel comportamento dell'altra persona in una fase successiva e di interpretarli di conseguenza.

Pacing e guida
Il pacing e il leading sono altre tecniche che fanno parte del concetto di programmazione neuro-linguistica. Il termine "pacing" significa rispondere attivamente o sintonizzarsi sulle sensibilità di un'altra persona. Il termine significa quindi sintonizzarsi o entrare in empatia con il mondo dell'altra persona. Il pacing

può essere utilizzato per trovare il modo di entrare in empatia con l'altra persona in modo speciale.

Il termine "leader" descrive l'area opposta all'empatia sensibile con gli altri. L'obiettivo è quello di trascinare le altre persone con lei nei suoi sforzi. Significa quindi assumere un ruolo di guida. Il ruolo aiuta a rispondere alle sensibilità percepite in precedenza nel pacing, ad aiutare la persona e a cambiare la sua esperienza. Si può quindi affermare che il pacing è una sorta di prerequisito per svolgere il ruolo di guida e quindi per poter garantire i processi di cambiamento.

Sei fasi di riorganizzazione

Questo è forse il più famoso di tutti i modelli di PNL per cambiare abitudini e modelli comportamentali non amati o dannosi. Come suggerisce il nome, ciò avviene attraverso un piano in sei fasi.

Il reframing in sei fasi è particolarmente indicato per i disturbi psicosomatici e per quei modelli comportamentali che non si manifestano in modo cosciente ma inconscio e che sono quindi difficili da afferrare e comprendere. Durante la prima fase, l'obiettivo principale è identificare la caratteristica che vuole cambiare, visualizzare chiaramente che questa caratteristica le causa problemi e porsi il chiaro obiettivo di cambiarla.

Quindi, prima di tutto, deve rendersi conto di chi è nel profondo. Si renda conto della sua posizione attuale, in modo da poter pianificare i suoi prossimi passi. Lei ha già interiorizzato le caratteristiche necessarie come base. Alcune possono essere già completamente sviluppate, altre possono essere solo dei semi dentro di lei. A seconda che decida di svilupparle ulteriormente, dovrà seminare, innaffiare e nutrire i semi affinché crescano in nuove caratteristiche. D'altra parte, ci possono essere anche tratti che non le piacciono particolarmente, ma che ha sviluppato in modo molto forte. In questo caso, è importante modellarli con le forbici, in modo che le piccole nuove piante non crescano troppo. Il suo obiettivo interiore dovrebbe essere un giardino vario, dove possa rilassarsi su una sedia a sdraio senza pensarci due volte. Che aspetto ha il giardino in questo momento, in questo preciso istante? Si prenda qualche minuto per riflettere su se stesso e pensare molto attentamente a chi è. Cosa caratterizza la sua personalità? Cosa la distingue dagli altri?

Per facilitare la comprensione, il modello comportamentale da scartare viene definito "erbaccia" e il modello comportamentale desiderato "rosa", in linea con la metafora del giardino. La seconda fase prevede l'analisi e la comunicazione con il modello X, per scoprire cosa causa questa caratteristica.

Non è affatto facile e richiede un'immensa concentrazione, in quanto questo passo presuppone che per ogni modello comportamentale negativo ci sia un innesco nella coscienza con il quale si possa entrare attivamente in contatto. La comunicazione con la parte che innesca il modello comportamentale "erbaccia" non amato può avvenire in vari modi, anche in modo non verbale, ad esempio attraverso i suoni. Il terzo passo consiste nel cercare di separare il modello di comportamento "erbaccia" dalla sua causa scatenante. Qui si applica uno dei presupposti fondamentali della programmazione neurolinguistica, ossia che ogni azione, ogni comportamento e quindi ogni modello di comportamento si basa su un'intenzione positiva.

Questo vale anche per la parte che innesca il modello di 'erbaccia' e che rovina il nostro giardino, ergo la nostra personalità. Ora si tratta sempre più di comunicare con questa parte e di scoprire perché esattamente provoca il modello di comportamento. Se pensa di aver trovato una possibile intenzione positiva, deve chiedere alla parte responsabile delle erbacce nel nostro giardino se ha ragione nella sua supposizione. Se la risposta alla domanda è "no", bisogna trovare un altro motivo, un'altra intenzione positiva. Se la risposta è "sì", si passa alla fase successiva del processo di riorganizzazione in sei fasi.

La quarta fase prevede la ricerca di alternative al modello di comportamento indesiderato "erbaccia". Nella migliore delle ipotesi, alcune alternative sono già state ancorate, in modo che la parte responsabile del modello possa, in una certa misura, cercare da sola dei comportamenti alternativi.

All'inizio della quinta fase, comunichi nuovamente con il trigger e si assicuri che sia completamente soddisfatto delle nuove alternative e che sia disposto ad assumersene la responsabilità. Questo fornisce una sorta di salvaguardia per il futuro e assicura che ognuna delle tre alternative sia finalmente riconosciuta. Ora è possibile verificare se anche i nuovi comportamenti sono stati pienamente accettati - dopo tutto, nella fase due è stato stabilito cosa scatena il modello X e quale obiettivo viene perseguito con esso. Al contrario, questo significa che la reazione attesa può essere altrettanto facilmente provocata. A differenza della situazione precedente, però, l'innesco di X ha ora tre nuove opzioni tra cui scegliere. Questa flessibilità permette alla parte scatenante di reagire a più stimoli. Il sesto passo è solo una sorta di controllo ecologico.

Infine, non solo all'innesco del modello X, ma a ciascuna delle parti interne di una persona viene chiesto se è soddisfatta delle nuove alternative.

Tecnica Swish

La tecnica swish aiuta a liberarsi di abitudini indesiderate e fastidiose. Tuttavia, questa tecnica è più adatta alle persone che hanno una forte immaginazione visiva, poiché il tratto negativo in questione e il tratto positivo con cui deve essere sostituito devono essere visualizzati nell'occhio della mente. La tecnica Swish standard funziona con le tre sottomodalità di dimensione, distanza e luminosità. In linea di principio, si tratta semplicemente di permettere all'immagine della caratteristica negativa visualizzata di scivolare sempre più piccola, più scura e più lontana, fino a quando non si perde di vista e la caratteristica viene così scartata, e d'altra parte di permettere all'immagine della caratteristica positiva visualizzata di diventare sempre più grande, più luminosa e più vicina, in modo che sostituisca correttamente l'abitudine negativa.

Anche in questo caso, il primo passo è identificare l'abitudine negativa di cui vuole liberarsi. Ad esempio, una situazione stressante può scatenare l'impulso di fumare una sigaretta, perché questa è la sua risposta abituale allo stress.

Per sviluppare una nuova abitudine più costruttiva in risposta allo stress, ha bisogno di un'azione sostitutiva positiva che, idealmente, la aiuterà a gestire lo stress in modo migliore e più sano e la farà sentire bene. Ad esempio, invece di fumare una sigaretta, potrebbe dedicare lo stesso tempo a bere una buona tazza di tè. L'effetto positivo della sigaretta è solo un'illusione e l'effetto gratificante dura solo finché la fuma. Tuttavia, bere consapevolmente una tazza di tè può offrirle molto di più: ha un'esperienza di gusto positiva, che equivale a un fattore di ricompensa iniziale, e l'effettivo effetto fisicamente calmante della bevanda fornisce un effetto di ricompensa chiaramente percepibile e più duraturo.

Poiché, come di solito accade con la programmazione neurolinguistica, anche in questo caso si applica il principio secondo cui ogni reazione ha un fattore scatenante, il secondo passo consiste nel chiedere che cosa precede immediatamente l'abitudine indesiderata e quindi la provoca. Di norma, tale fattore scatenante è un'emozione, di solito negativa, a causa della quale emerge il tratto da eliminare, in questo caso lo stress.

Il terzo passo consiste nel visualizzare l'abitudine disturbante e nel visualizzare la reazione che dovrebbe sostituire quella negativa. Molte cose sono adatte a questo scopo. Tuttavia, il metodo più affidabile si è dimostrato essere quello di guardarsi allo specchio, con espressioni facciali e gesti che riflettono le rispettive caratteristiche nel modo più accurato possibile.

Se riesce a vedere entrambe le visualizzazioni il più chiaramente possibile nell'occhio della mente, il vero e proprio swish inizia nel quarto passo. La cosa migliore è immaginare una sorta di schermo, come un grande televisore o uno schermo. Questo schermo è completamente riempito con l'immagine della caratteristica negativa, cioè fumare una sigaretta. Nell'angolo in basso a destra, appare ora l'immagine dell'abitudine positiva, cioè la cerimonia del tè, inizialmente molto scura e piccola. Colora questa immagine nel modo più chiaro e dettagliato possibile, in modo da sentire il sapore e l'odore del tè e il rilassamento. Una volta raggiunto questo obiettivo, associ queste sensazioni nella sua mente a un colore specifico, che poi posizionerà sopra l'immagine. Questo diventerà più grande e più luminoso, diffondendosi gradualmente dall'angolo in basso a destra su tutto lo schermo.

Allo stesso tempo, l'immagine dell'abitudine negativa diventa sempre più piccola e più scura, fino a quando non si sovrappone completamente alla sua controparte positiva e scompare del tutto. Lo schermo è ora completamente coperto dalla visualizzazione del tratto positivo desiderato. Questo completa lo swish. Nella quinta fase, lo swish standard viene ripetuto sette volte nel migliore dei casi. La sesta fase è un test per vedere se lo swish ha avuto successo. Tutto quello che deve fare è cercare di visualizzare di nuovo la caratteristica negativa. Se lo swish ha avuto successo, questo dovrebbe essere impossibile. Se l'immagine appare, è necessario ripetere lo swish standard. Un altro modo per determinare il successo di questo metodo è quello di effettuare un test reale, cioè evocare la situazione che ha preceduto l'abitudine indesiderata e vedere se è stata sostituita dalla sua controparte positiva.

Fobia veloce

Questa tecnica di programmazione neuro-linguistica funziona con la creatività audiovisiva, che all'inizio può essere difficile e complicata, ma con una concentrazione sufficiente porta a successi sensazionali.

La tecnica della fobia rapida può essere utilizzata per far scomparire le fobie a velocità record, in modo duraturo e permanente. I pazienti fobici non possono scegliere ciò di cui hanno paura e quando si trovano di fronte all'oggetto, all'animale o a qualcosa di simile, nella loro testa scorre automaticamente un film che non può essere fermato e che mette la persona interessata in una sorta di stato di shock.

La tecnica della fobia veloce utilizza questo film riproducendo una situazione strettamente legata alla fobia come film in bianco e nero davanti all'occhio interno. Dopo alcuni passaggi, questo viene riprodotto di nuovo a colori. Questo dovrebbe far scomparire la fobia dopo diverse ripetizioni. Per comprendere e, soprattutto, applicare questa tecnica, è necessario innanzitutto essere consapevoli di cosa sia effettivamente una fobia e di cosa la provochi. La risposta, almeno a quest'ultimo punto, è semplice: nella sua testa.

La mente è l'origine di ogni disturbo fobico. Il punto interessante è che anche le persone colpite sanno che la fobia è sempre irrazionale. È diretta contro un oggetto di qualsiasi natura scelto dalla propria mente, senza attingere all'esperienza personale della persona interessata.

Ciò significa che si può soffrire di aviofobia, la paura panica di volare in aereo, senza aver mai volato o senza aver vissuto esperienze che potrebbero essere la causa della fobia, pur avendo già volato. Questa è anche la differenza fondamentale tra una fobia e un disturbo d'ansia.

Anche questa è una forma patologica di ansia che presenta quasi gli stessi sintomi di una fobia. Tuttavia, a differenza di un disturbo fobico, un disturbo d'ansia si basa effettivamente su un'esperienza negativa in relazione all'oggetto in questione. Ciò significa che una persona che ha una paura panica ed esplicitamente non fobica di volare ne soffre perché in realtà ha quasi fatto un incidente una volta, è sopravvissuta a un incidente o ha perso una persona cara in un incidente. A questo punto, va espressamente ricordato che la fobia rapida aiuta solo con le fobie e non con i disturbi d'ansia, che sono molto più gravi perché più traumatici. Esistono numerosi modi per evitare la causa scatenante dei sintomi di una fobia.

Se ha una paura panica degli ascensori, può evitare le scale - la fobia si scatena solo quando si avvicina all'ascensore con l'intenzione di entrarvi e utilizzarlo. Tuttavia, questi metodi di evitamento trattano solo i sintomi, non la fobia vera e propria. Ed è qui che entra in gioco la fobia rapida.

Rimaniamo sull'esempio dell'aviofobia - la paura di volare - e torniamo al film citato all'inizio, che si riproduce nella mente. Questo si attiva non appena la persona interessata si avvicina a un aereo, in alcuni casi addirittura non appena entra in aeroporto, quando il cervello sa che la situazione temuta è imminente.

L'inizio del filmato è il segnale del cervello che la distanza minima dall'oggetto della paura è stata superata. Il filmato viene riprodotto come un avvertimento finale, definitivo e contiene esattamente lo scenario peggiore che si teme, e il corpo, in quanto unico spettatore del filmato, reagisce con i sintomi fisici di una fobia - battito accelerato, sudorazione, attacchi di panico, svenimento.

Da questo punto di vista, si può dire che il corpo non reagisce in preda al panico all'aereo o al volo, ma al film che scorre nella mente. La chiave per combattere la fobia sta quindi nel controllare questo film: deve imparare a prenderne il controllo da solo. Tra l'altro, questo film non si svolge solo in relazione all'oggetto della fobia. In molte situazioni potenzialmente pericolose che non ispirano fiducia, il cervello ci avverte dell'imminente disastro attraverso un film di catastrofe. Tuttavia, a differenza dei fobici, gli esseri umani sono solitamente in grado di interrompere questo film e di evitare che la paura si manifesti.

La tecnica della fobia rapida mira a consentire a chi ne soffre di ottenere il controllo esclusivo sul film interiore temuto, di diventare praticamente il proprio regista per superare la paura in questo modo. Ciò si ottiene attraverso due pratiche fondamentali.

In primo luogo, ci si allena a vedere il film dissociato, cioè separatamente e non come parte del proprio essere, e a guardarlo in bianco e nero anziché a colori. Una volta riprodotto il film, la seconda pratica serve a riprodurre il film a colori e all'indietro e, a differenza della versione in bianco e nero, a riprodurlo associato, cioè di nuovo come parte di sé. Dopo un uso regolare, la fobia dovrebbe essere sconfitta. In caso contrario, potrebbe non trattarsi di una fobia, ma forse di un disturbo d'ansia, oppure la paura potrebbe avere un'origine completamente diversa.

Perché la PNL è ideale per la manipolazione

Forse ha già un'idea del perché la PNL è adatta alla manipolazione. Tuttavia, vorremmo approfondire brevemente l'argomento. Si renda conto che la PNL ha le sue origini nella psicoterapia. A ben vedere, la psicoterapia può forse essere considerata come la classe di manipolazione per eccellenza, perché chi potrebbe essere un manipolatore di maggior successo di una persona che persuade pazienti con disturbi mentali patologici a comportarsi in modo diverso? Persone i cui modelli comportamentali sono stati spesso profondamente incisi nella loro psiche da traumi e altri eventi negativi. Vogliono apportare un cambiamento a un livello molto più superficiale in persone che di solito sono mentalmente sane. Rendersi conto di questo rivela il pieno potenziale della PNL.

In effetti, anche all'interno della scena della PNL, la questione di come proteggersi dall'uso della PNL in modo troppo manipolativo si pone più volte. Molte delle tecniche sono finalizzate a manipolare altamente le altre persone fin dall'inizio. Coloro che utilizzano la PNL a livello terapeutico devono quindi attenersi a determinati protocolli per garantire di non danneggiare i loro pazienti. Pertanto, sia consapevole del potere che la PNL le conferisce sulle altre persone. Utilizzi le tecniche descritte con attenzione e si chieda sempre se sta facendo un favore all'altra persona. Allora non c'è nulla da dire contro il loro utilizzo.

Tecniche di manipolazione

La responsabilità che la PNL comporta è già stata menzionata in un capitolo precedente. Chiunque ricordi queste parole potrebbe aggrottare le sopracciglia per la sorpresa o addirittura per il dubbio e chiedersi come l'uso responsabile dei metodi della PNL e la parola manipolazione possano andare insieme.

Questo dubbio è dovuto alla connotazione prevalentemente negativa della manipolazione, che viene generalmente intesa come una forma negativa di influenza. Di norma, vengono manipolate le azioni, i pensieri e/o i sentimenti dell'altra persona, la persona manipolata. Si presume sempre - e questo spiega anche la connotazione negativa - che il manipolatore agisca per puro interesse personale e - come già detto all'inizio - accetti consapevolmente un possibile danno alla persona manipolata.

Un altro assunto di base che conferisce alla manipolazione una reputazione piuttosto negativa è che la persona manipolata può essere influenzata solo con riluttanza e in una posizione a lei sfavorevole e quindi - che è il terzo assunto di base - resiste alla manipolazione e deve essere 'combattuta' in senso psicologico, affinché l'influenza negativa sia coronata dal successo. Questi sono i pregiudizi contro il concetto di manipolazione e sono molto discutibili, in quanto si basano tutti sull'assunto di base che ogni persona che esercita consapevolmente e intenzionalmente un'influenza agisce per motivi egoistici.

Per egoismo, il manipolatore cerca di imporre la sua opinione, il suo pensiero, ecc. alla persona manipolata. Questo ignora completamente il fatto che tutti vengono manipolati quasi ogni giorno, sia consciamente che inconsciamente. Anche cose apparentemente semplici come il linguaggio del corpo già spiegato e le modifiche intenzionali a questo per creare un effetto deliberatamente indotto rientrano nella categoria della manipolazione. Gli insegnanti manipolano i loro alunni in modi diversi e - contrariamente agli assunti di base sopra menzionati - innocui e, per i dirigenti delle aziende in particolare, numerose opzioni di manipolazione si rivelano elementari in termini di politica del personale di successo. Per dimostrare che la manipolazione è molto meno dannosa di quanto suggerisca la sua reputazione e per spiegare gli aspetti utili dell'influenza conscia e inconscia, di seguito vengono descritte varie tecniche di manipolazione che tutti sono in grado di utilizzare.

IL RECORD SOSPESO, ALIAS LA RIPETIZIONE

Una delle forme più comuni e - come suggerisce il nome - più innocue di manipolazione. Sperimentiamo questo aspetto dell'influenzare deliberatamente le azioni e i pensieri degli altri ogni giorno nella pubblicità - centinaia di annunci vengono ripetuti più volte di interruzione pubblicitaria in interruzione pubblicitaria. Lo sfondo di tutto questo è che gli esseri umani sono creature abitudinarie - più spesso viene loro presentato regolarmente qualcosa attraverso i loro canali di percezione, più l'oggetto pubblicizzato diventa naturale per loro, più spesso ci pensano e più sono disposti ad acquistare il prodotto in questione.

LA TRAPPOLA DELL'INERZIA

Anche questa tecnica di manipolazione è ben nota e molto popolare. È nota anche come tecnica del "piede nella porta" e sarà familiare alla maggior parte dei lettori, poiché molti di loro sono caduti in questa "trappola". Viene spesso utilizzata in tutti i tipi di supermercati, centri commerciali o grandi negozi specializzati, ma anche in luoghi pubblici come le stazioni ferroviarie o i luoghi più popolari dei centri città.

Quasi tutti, prima o poi, si sono imbattuti in una bancarella che vendeva giornali, partecipazioni a concorsi generosi e persino troppo allettanti o semplicemente una nuova gamma di determinati prodotti alimentari apparsi sul mercato. Viene avvicinato da venditori gentili e le viene chiesto se desidera uno dei prodotti descritti - ovviamente gratis - e cade nella trappola che le viene proposta. Se lei mostra interesse per l'offerta, il venditore usa tutto il suo fascino e fa del suo meglio per conquistare il cliente a lungo termine.

IL TRUCCO DELL'AMICIZIA

Questa tecnica di manipolazione è ideale per rompere il ghiaccio con un estraneo e può essere utilizzata, ad esempio, nei primi giorni in un nuovo posto di lavoro per scaldare i nuovi colleghi. Il trucco dell'amicizia si basa su un principio di comunicazione che enfatizza il maggior numero possibile di somiglianze tra gli interlocutori e si combina in una certa misura con la tecnica della ripetizione. Un esempio di conversazione tra due sconosciuti:

Persona A.: "Adoro andare a mangiare al ristorante XY. Il cibo è di prima qualità".

Persona B (manipolatore): "Ci sono stato anch'io, e ancora oggi sono stupito dall'atmosfera!".

Persona A: "Oh, davvero? E cosa dice a...".

La conversazione è già iniziata tra le due parti e la persona A ha la sensazione di essere sulla stessa lunghezza d'onda della persona B, semplicemente perché le piace lo stesso ristorante - il ghiaccio è rotto. Tuttavia, il trucco dell'amicizia viene spesso utilizzato anche dai venditori per suggerire ai potenziali clienti una sensazione di familiarità e comunanza, che alla fine dovrebbe portare alla vendita di un determinato prodotto.

MANIPOLAZIONE ATTRAVERSO LA CREAZIONE DI PAURA

Chiunque voglia manipolare creando paura sta sfruttando la caratteristica umana, raramente utile, di pensare in modo soggettivo e di sentire in modo irrazionale. In una riunione di lavoro, ad esempio, il manipolatore prepara il pubblico per un certo periodo di tempo per creare paura, utilizzando contenuti particolarmente emotivi nella presentazione, nel discorso, ecc. o utilizzando uno stile di consegna appassionato.

Metaforicamente parlando, questo apre un canale emotivo per gli ascoltatori, che ora sono molto più ricettivi alla creazione della paura. Questa è causata, ad esempio, dalla versione più cupa possibile del futuro dell'azienda, se alcuni cambiamenti desiderati dal manipolatore non vengono attuati per il bene dell'azienda. Quanto più grande è il gruppo di ascoltatori, tanto maggiore è la paura che ciascun individuo prova, attraverso una sorta di effetto gregge, che è stato anche responsabile di molti casi di panico di massa.

ISTINTO DI BRANCO

Questa forma di manipolazione avviene di solito in modo inconsapevole e può essere osservata anche in molti luoghi di lavoro. Si basa sul fenomeno che in molte situazioni, una persona singola segue sempre un gruppo, un gruppo piccolo segue un gruppo grande, un gruppo grande segue un gruppo ancora più grande e così via. Ciò che fa un gruppo grande viene sempre percepito come corretto dal gruppo successivo più piccolo e di conseguenza viene imitato. Come per il trucco dell'amicizia, anche la fase di familiarizzazione di una persona in un nuovo ambiente di lavoro funge da esempio.

Se è abituato a una certa routine lavorativa o filosofia aziendale del suo precedente datore di lavoro e quella del nuovo datore di lavoro sembra completamente contraddittoria e contraria a quella precedente, non passerà molto tempo prima che lei abbia interiorizzato i nuovi processi lavorativi e, grazie all'approvazione dei suoi colleghi di lavoro che non sono abituati ad altro, finirà per approvarli. Le sue opinioni e convinzioni si adattano sempre a quelle del branco. È spaventoso, ma vero.

La manipolazione attraverso i sentimenti è abbastanza facile, poiché i nostri sentimenti non fanno appello al nostro intelletto. Se la nostra preoccupazione non può essere realizzata a livello fattuale, può essere possibile farla passare attraverso il canale emotivo. Questo tipo di manipolazione viene utilizzato per limitare o interrompere la capacità di critica dell'altra persona. Il trucco emotivo viene utilizzato, ad esempio, con le foto tristi alle serate di gala per la raccolta di fondi.

Come riconosce la manipolazione degli altri?

Sono stato manipolato o no? Questa è la domanda da porsi. Chiunque conosca le tecniche di manipolazione sa cosa sta succedendo. Ovunque si cammini e si stia in piedi, si manipola: in treno, in tram, al ristorante, semplicemente ovunque, e lo si fa con le parole, le mani e i tratti del viso. Questi sono i segnali che invia, e in cambio viene manipolato. In linea di principio, non deve chiedersi se sta venendo manipolato: lo sta facendo.

Tutti cercano di affermare i propri interessi e di vendersi bene. Ma c'è una tecnica di manipolazione che molti non hanno: la fiducia in se stessi. Ma questa è importante come il burro sul pane. Ci sono professionisti che ottengono sempre ciò che vogliono, perché vivono secondo il **principio dei quattro metodi di manipolazione**.

IL PRINCIPIO DI MANIPOLAZIONE DEI QUATTRO METODI

1. Vogliono distruggere la sua autostima: Sottolineano sempre e solo i suoi errori e ciò che sta sbagliando nello specifico. Vogliono solo farla sentire sempre peggio.

2. La puniscono con il disprezzo e l'ignoranza: se ha bisogno di aiuto, cercano di tenerla a terra. Lei è costretto a seguire le loro azioni, altrimenti non sarà aiutato.

3. Ignorano la realtà e propongono teorie grossolane: diffondono la paura nelle discussioni e vogliono incitare gli altri. Loro stessi sono felici quando gli altri si fanno a pezzi e si combattono.

4. Mantengono la sua personalità piccola: si sentono più forti e vogliono che lei rimanga piccola. Finché si sente male, continua ad andare avanti e si diverte.

COSA C'È DIETRO UNA PERSONALITÀ MANIPOLATRICE?

Lei è uno di loro o deve imparare la manipolazione da zero? Siamo manipolati ogni giorno, le nostre azioni e i nostri pensieri cambiano e non ce ne rendiamo nemmeno conto. Probabilmente nemmeno colui che manipola. Impone la sua volontà, niente di più. Tuttavia, la manipolazione può certamente essere una forma di controllo se viene effettuata consapevolmente. Di conseguenza, ci sono colpevoli e vittime se la manipolazione non è direzionale, ma puramente negativa.

Le vittime manipolate sono più che sufficienti. Ci sono molte persone con un disturbo narcisistico di personalità, e una personalità di questo tipo è fin troppo felice di fare il prepotente con chi le circonda. Queste persone fanno paura e parlano costantemente in modo negativo. Sono irrispettose e ingrate, minacciose e aggressive. Queste persone sono tutte queste cose.

Ma se lei stesso è una persona che manipola gli altri, non dovrebbe mai trattare gli altri in questo modo. È più disumano che umano. Tuttavia, queste persone arrivano molto lontano con la loro manipolazione, perché sono quasi sposate con la parola intimidazione e hanno interiorizzato il comportamento manipolativo. Questo comportamento è quasi paragonabile a quello di un ragno e della sua ragnatela: avvolge la sua preda finché alla fine se ne nutre. In questo modo, queste persone le rubano le ultime energie. Ma se una persona come lei si imbatte in una persona molto manipolatrice, la situazione cambia. Anche lei può manipolare e non cadrà nella rete di questo ragno. La manipolazione è una combinazione di politica, sociologia e psicologia.

Ed è così che la manipolazione funziona con queste persone, quindi attenzione: si tratta di pura influenza, che è esattamente ciò che caratterizza le persone che quasi soffrono di un disturbo della personalità. L'influenza è molto spesso utilizzata come sinonimo di manipolazione. Tuttavia, manca l'aspetto dello sfruttamento mirato, come nel caso della manipolazione. In politica, si parla di propaganda in questo contesto.

In questo modo, la manipolazione della politica serve a diffondere idee ideologiche per influenzare le opinioni del pubblico. L'influenza emotiva è contraria ai nostri principi democratici, in quanto noi esseri umani vogliamo prendere decisioni libere e autonome. Vogliamo prendere decisioni che nascano dalla nostra ragione e dalla nostra passione. Tuttavia, l'influenza esterna può essere parte di questo. Siamo semplicemente manipolati. Le persone che hanno un'influenza puramente negativa su di noi ci limitano e ci fanno sentire piccoli. Non si lasci scoraggiare da queste persone e esca dalla loro nebbia, perché inquinano l'aria.

Principi della comunicazione umana

Anche se in alcune situazioni non vuole farlo, lei sta sempre comunicando, in ogni momento e in ogni secondo. Se non attraverso le parole, lo fa attraverso il linguaggio del corpo, vale a dire i gesti, le espressioni facciali e l'articolazione generale. La cosa difficile del linguaggio del corpo è che mentre - almeno nella maggior parte delle situazioni - lei prende decisioni consapevoli e controllate sulle parole che pronuncia, l'utente inesperto raramente ha il controllo sul linguaggio del corpo, il che significa che ciò che dice può essere a volte piuttosto assurdo. I gesti di una persona - e non importa se si tratta di segni chiaramente riconoscibili o dei cosiddetti microgesti - rivelano all'occhio esperto molto dell'autore e del suo carattere. L'incredulità sorge spesso, ad esempio, quando l'articolazione non corrisponde a ciò che viene detto. L'immagine non è rotonda e tradisce intenzioni dubbie. La parola parlata non è sempre convincente. La maggior parte della comunicazione è non verbale. I venditori, in particolare, utilizzano il 90% della comunicazione non verbale, perché il linguaggio del corpo è il loro elemento di comunicazione. D'altra parte, l'armonia tra parole e linguaggio del corpo trasmette una sensazione di grande autenticità e credibilità. Si può quindi affermare che il linguaggio del corpo svolge un ruolo decisivo, se non addirittura decisivo, nella comunicazione umana.

Ha mai notato che durante una conversazione usiamo più le orecchie che gli occhi? Naturalmente ascoltiamo con attenzione, ma ciò che diciamo e la nostra postura non sempre corrispondono. Il corpo non mente nel modo in cui si esprime e non può nascondere o celare molte cose. Ci esprimiamo più intensamente con il linguaggio del corpo che con la voce. Di conseguenza, la nostra postura tradisce i nostri pensieri, perché non possiamo nasconderci dietro di essa così facilmente. Ad esempio, usiamo l'intonazione della voce solo il 38% delle volte e solo il 7% nel resto della comunicazione. Il quadro generale emerge dal linguaggio del corpo. Le persone che hanno successo sia negli affari che nella vita privata si presentano sempre in modo olistico. Se facciamo qualche passo indietro nella nostra vita, i bambini comunicano attraverso i suoni, ma anche molto attraverso i gesti e le espressioni facciali. Questo ci permette, come genitori o nonni, di interpretare come si sentono.

Ci capiamo praticamente senza parole. Il primo passo è quindi la comunicazione non verbale, che è la codifica finale. Comunichiamo attraverso la nostra postura, le espressioni facciali e i gesti, poi usiamo le parole. Per certi aspetti, questo avviene in modo del tutto inconsapevole ed è una grande parte di noi. Una bocca di classe a sé stante. Ci presentiamo in modo più autentico e onesto che con le parole. Non ci camuffiamo con il linguaggio del corpo. Di solito si manifesta spontaneamente a seguito di una reazione. Questo ci fa apparire più genuini ed emotivi.

L'aspetto affascinante del linguaggio del corpo, tuttavia, è che non solo influenza il modo in cui gli altri percepiscono il suo carattere: se si presenta con l'adeguata sicurezza di sé, può anche cambiare in meglio la sua immagine di sé. Non per niente molti coach motivazionali iniziano con il linguaggio del corpo dei loro clienti, perché questo può avere un'influenza incredibile sul carattere, se sviluppato in modo positivo. Il primo e più importante passo in questa direzione è capire che il linguaggio del corpo nella maggior parte dei casi è completamente inconscio e può essere utilizzato solo se si inizia a farne uso consapevolmente. Con sufficiente pratica, ogni gesto sarà esattamente come dovrebbe essere, dal minimo movimento delle dita al gioco delle sopracciglia - e si potranno ottenere gli effetti desiderati con l'altra persona.

Chiunque lavori intensamente con il linguaggio del corpo può affermare di essere una persona con abilità di talento. Inoltre, consente di penetrare in profondità nella psiche dell'altra persona. Spesso basta uno sguardo, perché i gesti e le espressioni facciali lavorano molto bene insieme. Prima ancora di dire una parola, la persona che padroneggia il linguaggio del corpo sa con chi ha a che fare. Quindi, sia attento e non si lasci scoraggiare dalle parole: è più probabile che il corpo dica la verità. L'effetto del linguaggio del corpo è quindi fenomenale e unico e dovrebbe essere sottolineato molto di più.

Uno degli indicatori più importanti del linguaggio del corpo non sono i gesti, ma gli occhi umani. Questi non sono utilizzati solo per l'identificazione - è risaputo che ogni persona ha un paio di occhi unici - ma leggendo gli occhi si possono anche trarre conclusioni sorprendenti sul carattere e sullo stato d'animo del loro proprietario. Il contatto visivo intenso può essere un'esperienza particolarmente piacevole o particolarmente sgradevole, a seconda della persona con cui si ha a che fare, anche se fondamentalmente non si sta facendo altro che guardarsi. Questo perché gli occhi - per usare un noto detto - sono la finestra dell'anima e ci si sente in balia di un contatto visivo particolarmente prolungato. Quando si tratta di prime impressioni, la maggior parte delle persone si orienta in base agli occhi (e alle espressioni facciali generali) dell'altra persona, traendo conclusioni sia consce che inconsce sul carattere dalle espressioni oculari e facciali. Non si tratta di nuove e spettacolari scoperte universitarie o degli ultimi sviluppi del comportamento umano, al contrario. Da quando esistiamo, l'Homo sapiens ha letto gli occhi dei nostri simili e ha cercato di identificare le intenzioni e i sentimenti emergenti.

Rimane la domanda: cosa si può riconoscere e-sattamente in questi occhi unici e spesso misteriosi? Le emozioni particolarmente forti ed evidenti sono le più facili da riconoscere. Gioia, rabbia o paura sono difficili da nascondere e possono essere lette negli occhi anche con un alto grado di autocontrollo. Questo semplice-mente perché l'espressione degli occhi è in gran parte il risultato delle contrazioni dei muscoli oculari interni, che sono provocate direttamente dal sistema nervoso autonomo e quindi non possono essere controllate coscientemente - come il battito cardiaco, per esempio. La pupilla, o meglio la sua dimensione, è particolar-mente rivelatrice. Questo non dipende solo dall'in-cidenza prevalente della luce - è noto che la pupilla si allarga in condizioni di luce scura, mentre viene cont-ratta dai muscoli dell'iride in condizioni di luce intensa. Possiamo anche notare una dilatazione delle pupille nelle nostre controparti durante l'ansia, ad esempio. Questo perché quando ci sentiamo ansiosi, il nostro cervello avverte automaticamente il bisogno di atten-zione e, allargando la pupilla, garantisce una maggiore incidenza della luce e quindi una migliore percezione dell'ambiente circostante. Tuttavia, la condizione prin-cipale per interagire con le altre persone è che le persone siano generalmente disponibili ad interagire. Questo è il caso della maggior parte delle persone.

Tutti hanno contatti sociali, famiglia e una cerchia di amici. La solitudine non è affatto positiva per la maggior parte delle persone - molti ricercatori direbbero "tutti" a questo punto. Il solo pensiero di essere soli, se si pensa alla sua logica conclusione, evoca sentimenti di disagio e tristezza. In alcune situazioni di vita, tuttavia, la solitudine è temporaneamente inevitabile. Come fanno le persone ad affrontarla e perché i contatti sociali sono così importanti per loro? Non è un segreto che il bisogno umano di amici e di interazione sociale sia evolutivo. Dopo tutto, l'uomo preistorico era in grado di sopravvivere al meglio in un branco, dove era meglio armato contro gli attacchi dall'esterno ed era in grado di garantire condizioni di vita in costante miglioramento nel tempo. Questa idea è così profondamente radicata nel suo DNA che non è riuscito a liberarsene fino ad oggi. Nelle situazioni in cui non possiamo evitare la solitudine temporanea, diventiamo anche molto consapevoli di questo. Ad esempio, se si cambia residenza, datore di lavoro o si lascia la casa dei genitori per la prima volta, la fase di familiarizzazione è solitamente difficile a causa della mancanza di contatti sociali.

Un'ulteriore prova dell'importanza di una cerchia di amici è fornita dall'industria dell'intrattenimento, o meglio dall'industria cinematografica e delle serie. Non è certo una coincidenza, ad esempio, che le sitcom di maggior successo degli ultimi anni, da "Friends" a "How I Met Your Mother" o "Big Bang Theory", siano tutte incentrate su amici diversi che vivono insieme. Queste serie non offrono alcun dramma particolare, né azione o inseguimenti selvaggi. Fondamentalmente, stiamo solo osservando dei migliori amici che mettono insieme le loro vite quotidiane, per la verità piuttosto stravaganti e insolite.

Il messaggio di questa serie è lo stesso in quasi tutti gli episodi: l'amicizia è la cosa più importante nella vita. Quando Ted Mosby non ha ancora una volta successo con le donne e siede sconsolato nel suo appartamento, i suoi amici sono sempre lì per lui. Si sostengono a vicenda, ridono e piangono insieme.

Insieme - questo è il grande segreto, sia per il successo della serie in questione che per la vita quotidiana. Se si confrontano scientificamente due persone, una delle quali è felice nella vita e l'altra infelice, in molti casi la felicità sarà dovuta alla presenza di contatti sociali e l'infelicità alla loro mancanza. Se nella sua vita ci sono persone con cui può condividerla, con cui può condividere i momenti gioiosi così come quelli tristi e devastanti, la sua visione della propria identità, della propria esistenza, è molto più ottimista e allegra rispetto a quando deve vivere da solo tutte le situazioni che la vita, in tutta la sua diversità, le riserva.

Ma la solitudine non rende solo le persone infelici. In alcuni casi, la mancanza permanente di contatti sociali può persino portare a malattie fisiche. Ciò avviene soprattutto se l'ambiente sociale non è esattamente favorevole ai salti di gioia. Se l'ambiente sociale di una persona è noioso, cupo e privo di allegria, ciò si ripercuote automaticamente sulla sua psiche. Anche se questo non significa necessariamente che un ambiente negativo produca una persona negativa, può rafforzare predisposizioni pessimistiche già latenti e intensificare uno stato d'animo depressivo e solidificarlo nel nucleo del carattere. D'altra parte, un ambiente positivo raramente ha un effetto negativo su una persona e, proprio come le circostanze negative, può avere un impatto su tratti caratteriali e atteggiamenti di base già latenti.

Interpretare i segnali inconsci del nostro corpo

In una conversazione, in una discussione o nel nostro mondo emotivo, compiamo gesti inconsapevoli. Emergono quasi di riflesso. Non si tratta solo di una reazione a una certa cosa, ma di un sentimento sincero. Lo esprimiamo immediatamente e senza pensare.

Questi segnali inconsci si manifestano spesso quando riceviamo una cattiva notizia. Reagiamo immediatamente e di solito senza alcun controllo su noi stessi. Questo avviene anche con le sorprese felici, ma anche con la tensione e la paura. Il nostro corpo comunica quindi in modo inconscio.

Modelli di movimento oculare

I movimenti degli occhi possono fornire informazioni sul modo in cui probabilmente si svolgono i processi mentali nel cervello della persona. Tuttavia, va sottolineato che non è consigliabile giungere a una conclusione troppo in fretta e prendere una decisione affrettata.

Costruire i processi di pensiero e ricordare ciò che è già stato sperimentato non è un processo semplice, la cui risposta veritiera spetta esclusivamente alla persona stessa. Va inoltre notato che di solito si può osservare una sequenza di movimenti oculari e quindi dei modelli di movimento oculare. Questo è dovuto al fatto che ogni persona attraversa una varietà di processi di pensiero e quindi si possono riconoscere diversi modelli di movimento oculare. Infine, va notato che le seguenti illustrazioni dei modelli di movimento oculare sono generalmente incentrate sulle persone destrimane.

Se lei o la persona di fronte a lei è mancina, potrebbe essere necessario invertire le spiegazioni, poiché i movimenti oculari sono spesso invertiti.

Di seguito, si fa una distinzione tra i movimenti oculari verso l'alto e verso il basso, nonché verso sinistra e verso destra, sempre in orizzontale o sul piano orizzontale o centrato.

Se lo sguardo dell'altra persona è diretto **verso l'alto,** si può presumere che la persona favorisca il sistema di rappresentazione visiva per ricevere le informazioni. Se poi lo sguardo è diretto **verso l'alto a sinistra, si può** dire che le informazioni rappresentate visivamente sono informazioni ricordate. Ciò significa che il suo interlocutore probabilmente vede nella sua mente situazioni che ha vissuto in precedenza. In altre parole, la persona ricorda immagini familiari.

Per testare questo metodo su una persona di sua scelta, potrebbe, ad esempio, chiedere di che colore è la cucina dei suoi genitori, o come è arredata la stanza di un amico o di un conoscente.

D'altra parte, il movimento degli occhi in **alto a destra** mostra che la sua controparte visualizza cose e situazioni, ma non ricorda questa rappresentazione, bensì la **costruisce**. Ciò significa che visualizzazioni di questo tipo non sono mai avvenute prima o che la persona non le ha mai viste con i propri occhi. È possibile dedurre da questo quale delle due forme di memoria utilizza una persona. Questo la aiuterà ad allineare e ottimizzare la sua comunicazione di conseguenza.

Avendo già spiegato i movimenti oculari verso l'alto, sembra opportuno esaminare ora i modelli di movimento oculare orientati **verso il basso.** I modelli di movimento di questo tipo non possono essere assegnati a un sistema di rappresentazione preferito in generale. Tuttavia, si distingue nuovamente se lo sguardo è diretto **verso il basso e a destra** o **verso il basso e a sinistra**.

I modelli di movimento oculare che si verificano più frequentemente in **basso a sinistra** indicano che il suo interlocutore sta **conducendo un dialogo interiore con se stesso**. Questo processo di dialogo interiore avviene spesso a livello uditivo. Ciò significa che quando il suo interlocutore guarda in basso a sinistra, di solito sta parlando con se stesso per discutere di qualcosa. Attraverso il dialogo interiore, sta cercando di venire a patti e di trovare una soluzione.

Tuttavia, se gli occhi del suo interlocutore sono orientati in **basso a destra,** questo può essere chiaramente assegnato al sistema di rappresentazione cinestetica. Ciò significa che i processi cinestetici si svolgono nella testa di questa persona durante i suoi pensieri. La persona di fronte sta provando qualcosa o è **emotivamente coinvolta**. È anche possibile che l'altra persona stia evocando un sentimento.

I segnali coscienti del nostro corpo

Sì, abbiamo anche delle abilità formative. Queste si esprimono con uno sguardo concentrato, una stretta di mano sicura e la ben nota faccia da poker. Questo permette a tutti di trarre conclusioni senza parole. Lo sappiamo dall'auto-osservazione, dai gesti e dall'osservazione. I segnali consapevoli sono sempre mirati e mirano a suscitare una reazione o un'intenzione, che si tratti di un colloquio di lavoro, di un licenziamento o di una conferenza. Faccia a faccia in versione non verbale: è così che si fanno gli affari nella vita professionale. È solo importante non lasciare che i segnali del corpo siano troppo fuori dalla finestra, altrimenti esporremo senza pietà i nostri sentimenti e pensieri. Un osservatore esperto può leggerci meglio di quanto vorremmo. Ecco perché è importante non lasciare mai che qualcuno guardi le sue carte durante le trattative o le discussioni. Si presenti in modo professionale e con il massimo impegno fisico.

LE REGOLE D'ORO DEL LINGUAGGIO DEL CORPO

Indipendentemente dal luogo in cui ci troviamo, la comunicazione non verbale ci accompagna ovunque andiamo e ovunque ci troviamo. A volte esprime il contrario di ciò che diciamo. Ecco perché è al centro dell'attenzione ed è più importante di quanto pensiamo. Inviamo segnali e ci esprimiamo senza parole. Di seguito può leggere le regole d'oro per un migliore scambio non verbale, che possono aiutarla ad avere successo.

Povero
Cosa dicono le braccia in quale posizione e postura? Incrociare le braccia davanti al petto tende a segnalare una postura protettiva o difensiva. Pertanto, agiscono come una barriera. Se, invece, incrocia le braccia dietro

la testa o le mani sono intrecciate dietro il collo e i gomiti sono deliberatamente tesi verso l'esterno, questo significa qualcosa come "sono il leader del branco e sono pieno di fiducia in me stesso". C'è poi un'altra variante dei gomiti, perché se sono rivolti verso la persona con cui sta parlando, non significa altro che non deve avvicinarsi troppo.

Contatto visivo

Guardare in modo rilassato e non fissare, ma mantenere uno sguardo attento sulla persona con cui sta parlando: è questo il senso della comunicazione non verbale. Tuttavia, è importante riuscire a guardare l'interlocutore negli occhi. In caso contrario, apparirà insicuro e consapevole di sé.

Distanza

Non dia fastidio a nessuno e conceda a se stesso e agli altri la bolla di spazio. Tutti noi ci viviamo inconsciamente. Altrimenti, invadiamo lo spazio personale dell'altro. La regola generale è: un braccio teso è sufficiente e fornisce la distanza individuale necessaria. Una vicinanza eccessiva si scontra con un comportamento difensivo.

Stretta di mano

Il primo contatto fisico tra due persone non è un bacio, no, negli affari è una stretta di mano. Non è banale, perché dice più di mille parole. Sembra così semplice, ma non lo è. Come si fa a stringere la mano in modo corretto senza apparire goffi o insicuri? È importante trovare il giusto mezzo, una stretta breve e decisa e non troppo lunga, per favore. Non vuole scaldare le mani dell'altro. Non afferri tutta la mano, ma solo la parte anteriore fino alle dita e non dimentichi di stringerla tre volte. E non con un temperamento esuberante.

Mani

Può capire rapidamente con chi ha a che fare osservando le mani. Una persona aperta non chiude le mani. In questo caso, le dita non sono intrecciate perché la persona è aperta alla conversazione e alle novità. Se invece le mani sono chiuse, entrano in gioco le armi non verbali, che a loro volta indicano un comportamento difensivo. Se una persona sta pensando, i polpastrelli di entrambe le mani si intrecciano delicatamente.

Postura

Non entri in una stanza piegato, ma cammini dritto. Questo non deve sembrare arrogante, ma mostra una certa presenza. La postura dimostra stabilità e dà fiducia in se stesso. Rimanga calmo e composto e non faccia gesti frenetici o eccitati. Un contegno calmo ha un effetto calmante.

Sorriso

Quando entra in una stanza - potrebbe essere per una riunione o una presentazione - inizia a posizionarsi. Sorrida in modo rilassato e lasci che tutto sia percepito per un momento. Il sorriso è convincente e incoraggia gli altri a simpatizzare con lei.

Linguaggio del corpo e PNL

L'importante concetto di programmazione neurolinguistica porta al cambiamento e alla comunicazione associata. Neurolinguistica: il cervello e il linguaggio sono uno strumento efficace e sono strettamente legati al linguaggio del corpo. Le persone reagiscono così, perché in linea di principio desideriamo un sistema di guida. Tutti hanno bisogno di un "lupo guida" e anche lei. In base alle informazioni disponibili, una persona funziona quasi perfettamente e prende le decisioni giuste.

SIMPATIA

Può arrivare lontano con la simpatia, le porte e i cancelli sono aperti per lei e questo è esattamente ciò che dovrebbe utilizzare per la manipolazione. Queste regole valgono oro e permettono alla manipolazione di lavorare completamente per lei, perché se si guadagna la loro fiducia, non troveranno la manipolazione sgradevole. Al contrario, si sentiranno lusingati.

Le regole d'oro della simpatia

Regola n. 1 Mantenere il contatto visivo senza fissare e sorridere con abilità. Questo a sua volta trasmette apertura.

Regola n. 2 Segnalare la propria attenzione per adottare con discrezione il linguaggio del corpo dell'altra persona. Questo potrebbe essere inteso dall'altra persona come: "Sono come te, ti ascolto e ti credo".

Regola n. 3 Chiama regolarmente la persona con cui sta parlando per nome, perché siamo onesti: amiamo sentirci chiamare per nome. Anche a lei piace.

Regola n. 4 Dare sempre un'opinione onesta e dare l'esempio nella nostra società.

Regola n. 5 Sia gentile e cordiale, offra da bere e faccia due chiacchiere. Questo sicuramente toglierà la tensione e il nervosismo dalla (nuova) situazione.

Regola n. 6 L'empatia, o compassione, e la capacità di immedesimarsi nella situazione e nelle emozioni di un'altra persona, crea molta fiducia.

Regola n. 7 Cercare le cose che avete in comune. Possono essere interessi e hobby, che possono anche aiutare a creare fiducia.

Il potere della psiche

Spesso inizia con un sorriso innocente e poi la manipolazione fa il suo corso. Siamo soggetti a molti meccanismi, a partire dai nostri sentimenti, pensieri, emozioni e comportamenti. Lei è una persona ambiziosa e sa cosa vuole? Allora la sua psiche è forte, è equilibrata e decisa. Non tutti possono dire questo di se stessi, ma lei è uno di loro. Lei è in grado di manipolare le persone e di utilizzare la sua simpatia, la sua simpatia, che mette immediatamente la sua controparte in uno stato d'animo positivo. Questo è il suo istinto e la sua psiche la guida. La sua psiche lavora insieme a lei e lei elabora abilmente alcune strategie di manipolazione. Ma come si fa a far fare agli altri quello che si vuole? Semplicemente: con la manipolazione. Anche le sole lodi possono essere una manipolazione nascosta. Lei dice al suo collaboratore che lo vede solo dietro al progetto. Lui si sente lusingato e si mette subito all'opera. In realtà, lei vuole che il progetto sia completato il più rapidamente possibile.

Sapeva che anche il broncio è una strategia di manipolazione? Lo è e non porta con sé solo una sensazione negativa, perché il broncio vuole anche ottenere qualcosa. I bambini sono molto bravi in questo e anche gli adulti non hanno dimenticato come tenere il broncio. Pertanto, vale quanto segue: chi fa il broncio ha qualcosa da dirle in modo nascosto e lei sicuramente non cadrà in questo trucco emotivo. Da un lato manipoliamo, dall'altro comunichiamo. A volte si tratta di una battaglia segreta che utilizza mezzi sleali. Ma vince chi esprime il maggior potere persuasivo. Rifletta molto attentamente su come procede nella vita e su quali mezzi utilizza per vincere. La manipolazione ha lo stesso potere della sua psiche, perché lei è principalmente guidato e controllato da essa. La nostra psiche può sentire, pensare, percepire e fare una profezia che si autoavvera. Riflette il nostro comportamento.

Che si tratti di informazioni, eventi complessi o stimoli individuali, il suo computer di bordo ha tutto ben memorizzato. Impara anche a fare amicizia con la manipolazione. Il cervello percepisce e si verificano effetti emotivi. Quando manipola, deve avere una presa salda sulla sua psiche e alcune tattiche richiedono nervi d'acciaio. Grazie alla sua acuta percezione, può analizzare meglio l'ambiente circostante, leggere le persone e valutarle in modo ottimale. È proprio questa l'abilità che lei possiede. Questi vantaggi sono molto utili sia negli affari che nella vita privata.

Qui entra in gioco un altro aiutante della sua psiche: i sentimenti. I sentimenti e le sensazioni sono i segnali della sua vita. Sapeva che abbiamo sentito prima di poter pensare? È iniziato nel grembo materno e questo sentimento è come un istinto primordiale. È il nostro segnale e indica i nostri bisogni: Fame, sete, sonno, calore, amore, sicurezza e affetto. La nostra fiducia di base è cresciuta con noi. Se lei stesso è una personalità forte, ha un cuscinetto emotivo pronto. A sua volta, questo viene utilizzato nella manipolazione e, come un sorriso, può aprirle delle porte. Chiunque rivendichi la manipolazione per sé deve essere in sintonia con la propria psiche. Ecco perché l'argomento è stato incluso in questo libro. Le persone con un background instabile non vedranno mai la manipolazione come uno strumento di potere. Tendono a spaventarsi, evitano queste capacità puramente umane e sono più propense a lasciarsi manipolare che a vedere la manipolazione come un mezzo per raggiungere un fine. Il nostro mondo di pensieri è quindi di nostra proprietà; siamo riluttanti a lasciare che qualcuno guardi nel nostro mondo emotivo.

Chiunque manipoli ha comunque bloccato questi aspetti e agisce in modo puramente efficace, speculativo e anche manipolativo. Molto di questo, come il sentimento, fa parte delle nostre radici evolutive e queste esprimono anche i nostri desideri, le nostre necessità e i nostri bisogni. Ma lei ha tutti questi tratti evolutivi sotto controllo senza battere ciglio. Come può vedere, il nostro cervello svolge un lavoro d'amore da non sottovalutare, giorno dopo giorno. Tutto è memorizzato e può essere richiamato in qualsiasi momento. Se poi prendiamo in mano la manipolazione, possiamo controllare le persone senza che queste lo percepiscano come una manipolazione. Solo questo è il suo vantaggio abilmente costruito e un'abilità in sé.

Il nostro comportamento a sua volta, che comprende l'agire o il non agire come modello di comportamento, è il coronamento della nostra personalità.

Entriamo in contatto con il nostro comportamento e con il mondo esterno. Comunichiamo, scambiamo opinioni e interessi e siamo comunicativi in ogni momento. Il nostro cervello, cioè il potere del pensiero, è anche soggetto al sistema di ricompensa, che è associato al neurotrasmettitore dopamina. Il nostro ormone della felicità è noto per renderci felici e allegri. È proprio questo cuscinetto di cui abbiamo bisogno per concentrarci sul nostro lavoro e ottenere buoni risultati.

Anche la manipolazione ha bisogno di una parte. Lei vuole comportarsi come una persona simpatica, per poter chiamare il successo a sé. Questo rilascio ormonale è quindi un vantaggio per lei e trasforma l'evento puramente naturale a suo vantaggio. Di conseguenza, viviamo con il centro della paura, i protagonisti emotivi e il sistema di ricompensa e questo rappresenta il nostro modello comportamentale. Non sempre agiamo di nostra spontanea volontà, nemmeno quando siamo manipolati, ma ci sottomettiamo ai nostri pensieri e ai nostri modelli comportamentali. Come può vedere, la manipolazione può soddisfare solo un'area; il resto lo fa la psiche, perché ha potere su di noi.

Materiale bonus: Diario Mindset

Ora che ha appreso in dettaglio le basi del pensiero positivo, nelle pagine seguenti troverà istruzioni e compiti su come mettere in pratica queste conoscenze.

Il diario della mentalità le offre anche l'opportunità di esprimersi in modo creativo e di dare libero sfogo ai suoi pensieri su un foglio di carta non giudicante - in modo da poterli poi analizzare e valutare. Metta subito in pratica ciò che ha imparato e cambi se stesso e la sua mentalità in meglio!

DIARIO DELLA MENTALITÀ

Più felicità in 14 giorni: questo capitolo riguarda la possibilità di riservare ogni giorno una certa quantità di tempo a se stessi e di completare vari compiti o di utilizzare idee stimolanti. Prima legga il compito e poi si prenda fino a 30 minuti per completarlo.

Poi scriverà la sua esperienza nel suo diario mentale. L'obiettivo è riempire almeno tre pagine con i suoi pensieri ogni giorno, per un periodo di almeno 14 giorni. Può lasciare che i suoi pensieri fluiscano liberamente sulle pagine o utilizzare i compiti suggeriti come guida. Faccia in modo che dipenda dal suo stato d'animo del giorno. A volte la nostra mente vuole solo liberarsi della zavorra, altre volte è felice di ricevere un nuovo impulso di pensiero. Molti dei suggerimenti delle pagine seguenti possono sorprenderla per la loro semplicità. Ma più praticherà con costanza i rituali suggeriti e poi rifletterà su di essi nel suo diario personale, più noterà chiaramente i progressi. Spesso sono i piccoli piaceri che si trascurano o addirittura si negano inconsciamente nella fretta della vita quotidiana.

Giorno 1: Essere PRESENTI nel qui e ora (meditazione)

Si prenda 15-30 minuti per meditare e poi scriva un'annotazione nel suo diario. Quali pensieri ha lasciato passare durante la meditazione? Da dove provenivano? Come si è sentito a non dare loro importanza?

Giorno 2: Poster con la sua zona di comfort

Disegni un cerchio su un poster A3. Scriva nel cerchio le cose che le piace fare e che la fanno sentire bene. Poi scriva intorno al cerchio le cose che non rientrano nella sua zona di comfort. Più sono lontane dal centro, meno si sente a suo agio nel farle. Questo compito può funzionare solo se è onesto con se stesso. Se ha completato il poster in modo coscienzioso, questa panoramica le fornirà una chiara guida alle cose che potrà realizzare nei prossimi mesi e anni. Si faccia strada dal centro della sua zona di comfort, passo dopo passo, fino ai bordi, facendo esattamente queste cose.

Giorno 3: Una mappa mentale ...

... dei suoi tratti caratteriali. Rifletta su questa domanda: Cosa la rende brillante? Crei un altro poster o scriva a grandi lettere nel suo diario quali sono i suoi particolari punti di forza. Ogni volta che guarderà questi poster, il suo subconscio le ricorderà tutte le cose che sa fare. Questo fa sì che i pensieri negativi e i dubbi su se stessi non abbiano più spazio.

Giorno 4: Rituali di benessere personale

Introduca dei rituali che la facciano sentire bene nella sua pelle, anche se si tratta di pochi momenti beati e non osservati. Questo tempo per lei conta. Potrebbe essere la sua canzone preferita che balla a tutto volume, ad esempio, o quindici minuti al giorno con uno dei libri pluripremiati che ha sempre voluto leggere. Forse è anche il momento di fare "niente" in pace (se questo è possibile con il cervello umano in uno stato non allenato). Assecondi i suoi sensi. Accenda delle candele o un diffusore di oli essenziali. Anche i bastoncini di incenso possono fare miracoli.

Giorno 5: Mettersi a terra

Trascorra del tempo nella natura. Si metta a terra. Faccia del giardinaggio o vada a fare una passeggiata con i cani o con la famiglia e gli amici. Viviamo così tanto nei nostri pensieri che spesso dimentichiamo la connessione con il mondo che ci circonda. Si ricordi che lei è una parte di esso.

Giorno 6: praticare attivamente la gratitudine

Si prenda un momento per stare fermo, inspiri semplicemente e si goda l'ambiente circostante, preferibilmente su un prato. Ora chiuda gli occhi e faccia da 1 a 2 respiri profondi. Sia consapevole del sentimento di gratitudine per essere vivo. Sia grato per tutte le persone che la circondano, perché in fondo sono tutte un'espressione d'amore in questo mondo, proprio come lei.

Giorno 7: Meditazione Mindfulness

Pianifichi almeno 15, ma preferibilmente 30 minuti oggi per fare una meditazione di consapevolezza. Si metta a suo agio nel suo luogo preferito per meditare e aumentare la sua consapevolezza e la sua coscienza. Come si sente in questo momento? Perché? Cosa può cambiare o migliorare?

Giorno 8: Mostrare compassione per sé e per gli altri

Sia gentile con se stesso (e di conseguenza con gli altri). Mostri comprensione e compassione verso se stesso. Non sia così duro con se stesso. Per esempio, si versi un caffè al mattino e si sieda al sole. Vedrà che differenza fa nel corso della sua giornata se si concede qualche minuto di pausa ogni giorno.

Giorno 9: praticare attivamente l'amor proprio

Oggi si conceda un po' più di amore del solito. Riordini, faccia un bagno caldo o si metta un bel vestito. Pulisca la sua casa. Si metta a proprio agio la sera. Un aspetto importante dell'amore per se stessi è riposare e rilassarsi a sufficienza. Dorma a sufficienza. A volte non ci rendiamo nemmeno conto di quanto siamo esausti, anche solo con i pensieri malsani. Dia al suo corpo il riposo di cui ha bisogno. Le ore di sonno necessarie per il recupero variano da persona a persona e dipendono anche dalla sua attuale situazione di vita. Quindi non si preoccupi se non ha puntato la sveglia in un giorno di riposo dal lavoro e continui a dormire tranquillamente per qualche altra ora. È ovvio che in questo caso ne aveva bisogno.

Giorno 10: Non pensare, fai

Si attivi e esca dalla sua TESTA. Presti particolare attenzione ai suoi compiti abituali oggi. Estirpi, dia da mangiare ai suoi animali domestici o faccia una chiacchierata con una persona anziana del vicinato.

Giorno 11: Tempo per essere e per la creatività

Si prenda del tempo per se stesso. Si tenga lontano dal pozzo senza fondo e che distrugge l'anima che possono essere i social media quando si sente giù. Deve permettere a questi media di lavorare solo per lei, mai contro di lei. Sia creativo. Ad esempio, se ha fatto un sogno particolarmente emozionante o un incontro intenso, lasci che sia la scintilla di energia che sente a guidare la sua mano, sia che si tratti di un'esperienza positiva che negativa. (In effetti, l'energia negativa a volte può essere un catalizzatore creativo maggiore dell'energia di pace e gioia). I nostri sogni sono essenzialmente delle storie creative che la nostra mente subconscia inventa. Prenda un pennello o carta e penna. Trasformi le sue sensazioni in una manifestazione della sua profondità e creatività.

Giorno 12: La musica guarisce l'anima

Riproduca le sue canzoni preferite. Lasci che la musica rassereni la sua anima. Canti il suo cuore e balli liberamente come se fosse solo al mondo. Può anche creare una playlist con le sue canzoni preferite di ogni episodio della sua vita. O forse ha un vecchio CD o un disco che non ascolta da anni. La musica arriva direttamente alla sua anima. Si lasci guarire e trasportare.

Giorno 13: Abbellire la sua casa

Decora e progetta la sua casa oggi stesso. Raccolga dei bei fiori all'esterno o acquisti un girasole per ravvivare il suo spazio. Questo serve a creare un ambiente di vita che la sostenga perfettamente nel soddisfare le sue esigenze individuali. Di cosa ha veramente bisogno per sentirsi una persona completa? Un giardino dove poter scavare e piantare verdure e fiori? O uno studio d'arte; un luogo con molta luce, aria fresca e spazio; che tipo di colori le piacciono; le piacciono i mobili in legno o forse un letto solido e morbido in cui sprofondare la notte? Lei merita un luogo in cui possa realizzare il suo pieno potenziale. Questo non significa che il design debba costare molto, tutt'altro. La sua casa deve solo soddisfare le sue esigenze e i suoi requisiti individuali per una casa calda e accogliente.

Giorno 14: Ringraziare se stessi per la propria dedizione

Congratulazioni! Ha completato il programma di quattordici giorni con impegno e perseveranza.

Domande a cui può rispondere oggi nel suo diario: Che cosa ha trovato particolarmente difficile durante i quindici giorni e come ha superato l'ostacolo? In quale area è cresciuto maggiormente grazie alla formazione? Di quali nuove competenze apprese o rafforzate è particolarmente orgoglioso? Qual è stata la sua esperienza preferita nelle ultime due settimane? Se lo desidera, può continuare la routine di scrittura quotidiana che ha mantenuto con tanta attenzione nelle ultime due settimane. Quanto più tempo trascorrerà con il suo io interiore, tanto più riuscirà a conoscersi meglio. E questa è la base della sua felicità personale e della sua soddisfazione e realizzazione a lungo termine. Le auguro di continuare a divertirsi nel suo viaggio e di avere tutta la felicità del mondo.